# shkolla

## школа

klasa
классная комната

pjesëtim
делить

**186/2**

tabela
доска

oborr shkolle
школьный двор

mësues
учитель

letër
бумага

shkruaj
писать

stilolaps
ручка

tavolinë
письменный стол

vizore
линейка

libri
книга

nxënës
ученик

çantë

ранец

mbajtëse lapsash

пенал

laps

карандаш

mprehës lapsash

точилка

gomë

ластик

fletore vizatimi

альбом для рисования

vizatim
рисунок

penel
кисточка

kuti bojërash
коробка красок

gërshërë
ножницы

ngjitës
клей

fletore detyrash
тетрадь

detyrë shtëpie
домашняя работа

**12**

numër
цифра

**2+2**

mbledh
прибавлять

**5-2**

zbres
вычитать

**2×2**

shumëzoj
умножать

llogaris
считать

**A**

gërmë
буква

ABCDEFG
HIJKLMN
OPQRSTU
VWXYZ

alfabeti
алфавит

fjalë
слово

tekst

текст

lexoj

читать

shkumës

мел

mësim

урок

regjistër

классный журнал

provim

экзамен

çertifikatë

диплом

uniformë shkolle

школьная форма

arsimim

образование

enciklopedia

энциклопедия

universitet

университет

mikroskop

микроскоп

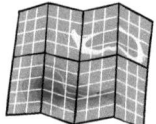

hartë

карта

kosh letrash

корзина для бумаг

shkolla - школа

# udhëtim

## путешествие

hotel
гостиница
Grand
bujtinë
турбаза
ROOMS
pikë këmbimi valutor
пункт обмена валюты
valixhe
чемодан
makinë
автомобиль


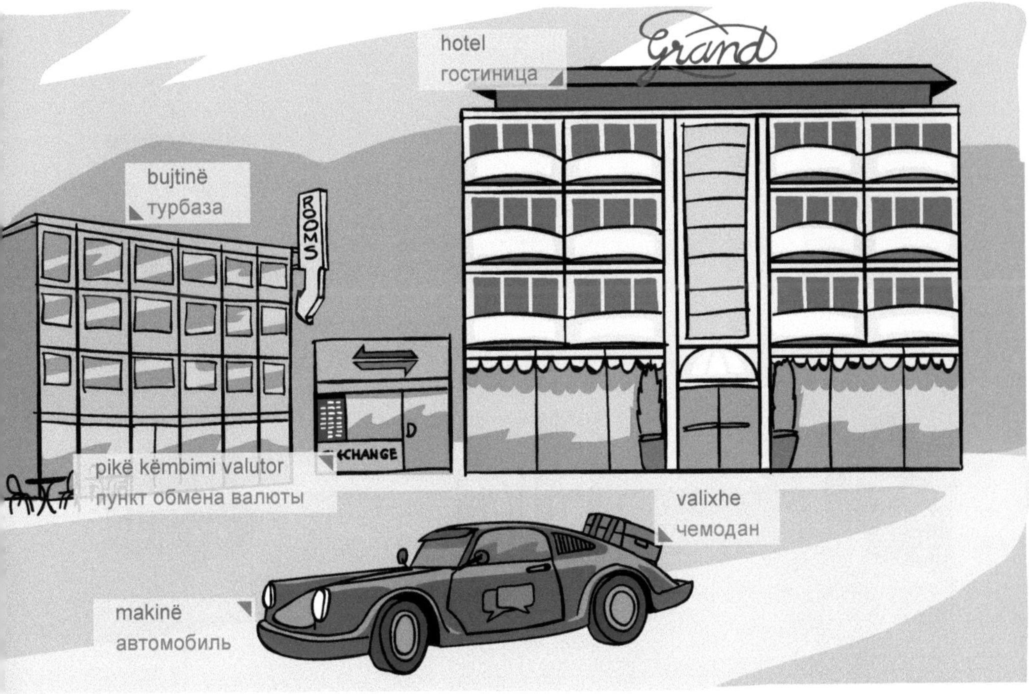

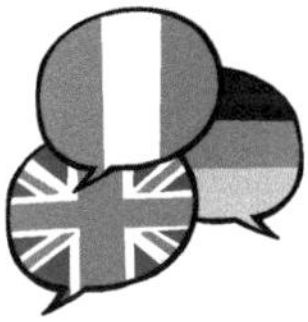

gjuhë

язык

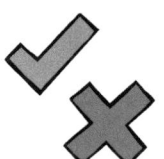

po / jo

да / нет

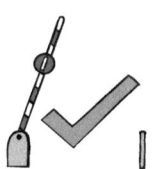

Në rregull

хорошо

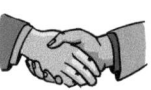

ç'kemi

Привет

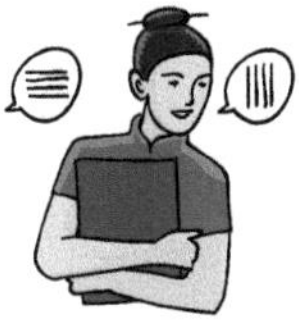

përkthyes

переводчик

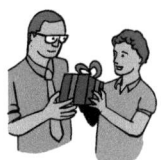

Faleminderit

Спасибо

sa kushton...?

Сколько стоит...?

nuk e kuptoj

Я не понимаю

problem

проблема

Mirëmbrëma!

Добрый вечер!

Mirëmëngjes!

Доброе утро!

Natën e mirë!

Доброй ночи!

mirupafshim

До свидания

drejtim

направление

bagazhet

багаж

çantë

сумка

çantë shpine

рюкзак

mysafir

гость

dhomë

комната

thes gjumi

спальный мешок

tendë

палатка

informacion për turistët

туристическая
информация

plazh

пляж

kartë krediti

кредитная карточка

mëngjes

завтрак

drekë

обед

darkë

ужин

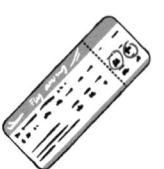

Biletë

билет

ashensor

лифт

pulla

почтовая марка

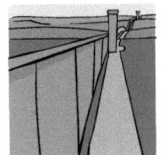

kufi

граница

doganë

таможня

ambasadë

посольство

vizë

виза

pasaportë

паспорт

# transport

# транспорт

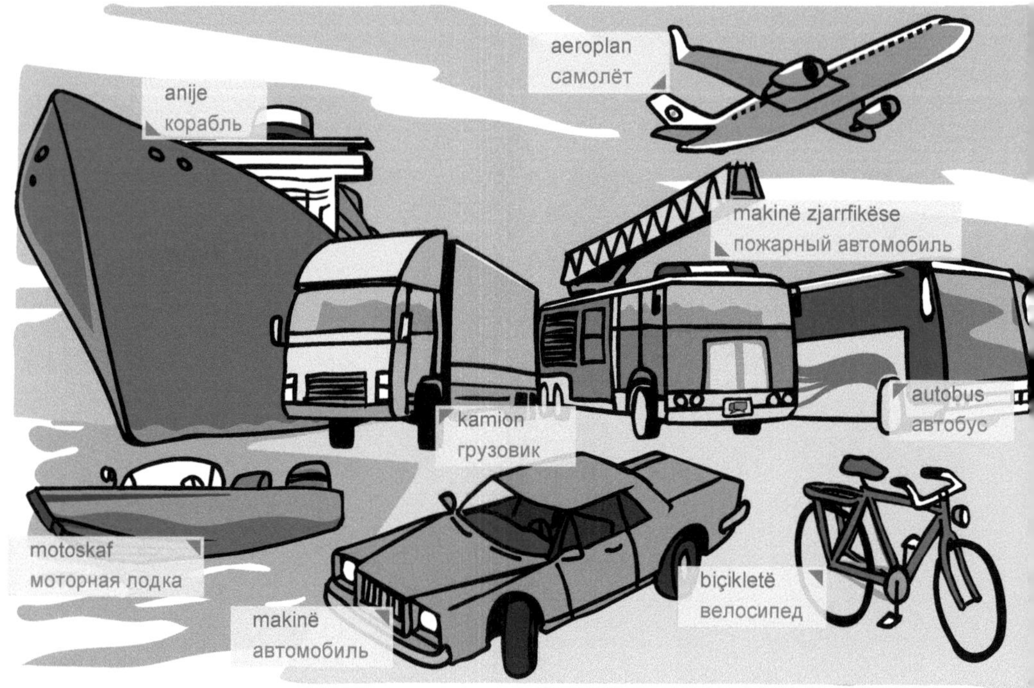

aeroplan
самолёт
anije
корабль
makinë zjarrfikëse
пожарный автомобиль
autobus
автобус
kamion
грузовик
motoskaf
моторная лодка
biçikletë
велосипед
makinë
автомобиль


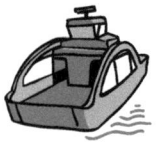

traget
.................
паром

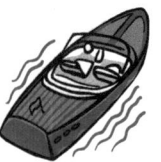

varkë
.................
лодка

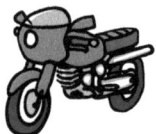

motoçikletë
.................
мотоцикл

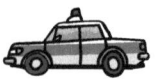

makinë policie
.................
полицейский автомобиль

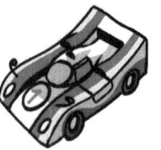

makinë garash
.................
гоночный автомобиль

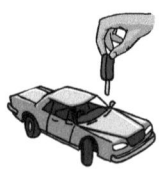

makinë me qira
.................
арендованный автомобиль

ndarje e qirasë së makinës

совместное пользование
автомобилями

karroatrec

буксировочный
автомобиль

makinë plehrash

мусоровоз

motor

двигатель

benzinë

топливо

pikë karburanti

заправка

sinjalistikë trafiku

дорожный знак

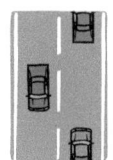

trafik

движение

bllokim trafiku

пробка

parkim makinash

автостоянка

stacion treni

вокзал

trase

рельсы

tren

поезд

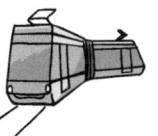

tramvaj

трамвай

karro

вагон

transport - транспорт

helikopter

вертолёт

aeroport

аэропорт

kullë

вышка

pasagjer

пассажир

kontenier

контейнер

kuti kartoni

коробка

qerre

тележка

shportë

корзина

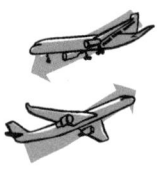

ngrihem / ulem

взлетать / приземляться

## qytet

## город

fshat

деревня

qendra e qytetit

центр города

shtëpi

дом

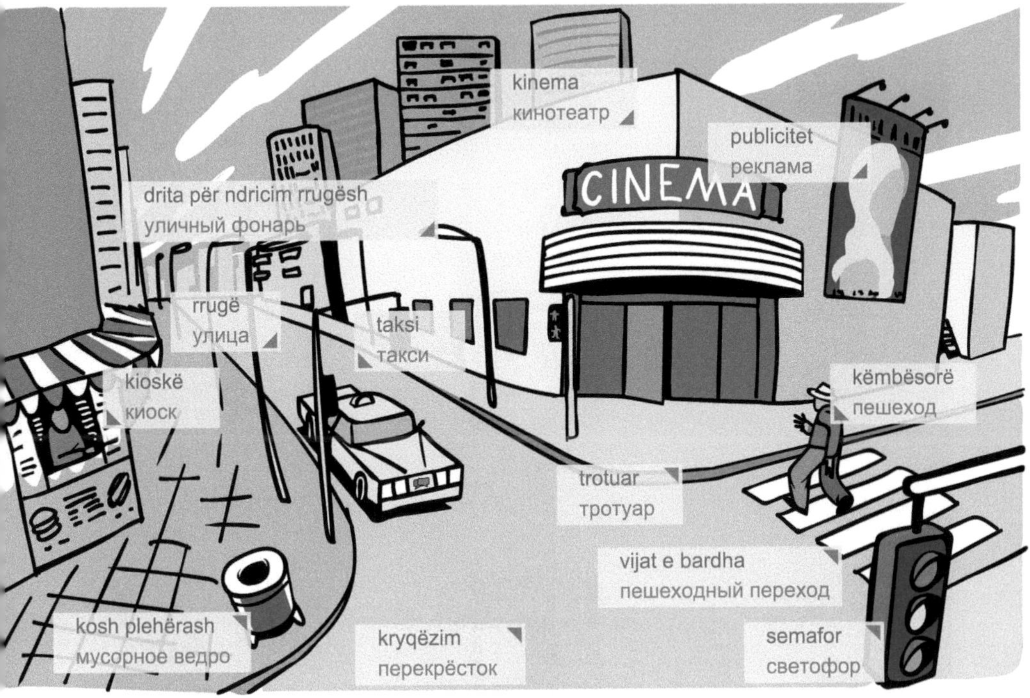

kinema
кинотеатр

publicitet
реклама

drita për ndricim rrugësh
уличный фонарь

rrugë
улица

taksi
такси

këmbësorë
пешеход

kioskë
киоск

trotuar
тротуар

vijat e bardha
пешеходный переход

kosh plehërash
мусорное ведро

kryqëzim
перекрёсток

semafor
светофор

kasolle
хижина

apartament
квартира

stacion treni
вокзал

bashki
ратуша

muze
музей

shkolla
школа

qytet - город

universitet

университет

bankë

банк

spital

больница

hotel

гостиница

farmaci

аптека

zyrë

офис

librari

книжный магазин

dyqan

магазин

dyqan lulesh

цветочный магазин

supermarket

супермаркет

market

рынок

maro

универмаг

dyqan peshku

торговец рыбой

qëndër tregtare

торговый центр

port

порт

park

парк

stol

скамейка

urë

мост

shkallë

лестница

metro

метро

tunel

тоннель

stacion autobuzi

автобусная остановка

bar

бар

restorant

ресторан

kuti postare

почтовый ящик

sinjalistikë rrugore

табличка с названием
улицы

kohëmatës parkimi

паркометр

kopsht zoologjik

зоопарк

pishinë

бассейн

xhami

мечеть

 fermë

ферма

ndotje

загрязнение окружающей среды

varrezë

кладбище

kishë

церковь

shesh lojërash

детская площадка

tempull

храм

## peisazh

## ландшафт

gjethe
лист

tabela orientuese
дорожный указатель

rrugë
дорога

livadh
луг

gurë
камень

pemë
дерево

ekskursionist
путешественник

lumë
река

bar
трава

lule
цветок

luginë

долина

kodër

гора

liqen

озеро

pyll

лес

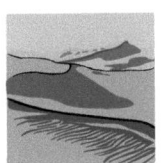

shkretëtirë

пустыня

vullkan

вулкан

kështjellë

замок

ylber

радуга

kepudhë

гриб

palmë

пальма

mushkonjë

комар

mizë

муха

milingonë

муравей

bletë

пчела

merimangë

паук

brumbull

жук

bretkosë

лягушка

ketër

белка

iriq

еж

lepur

заяц

buf

сова

zog

птица

mjellmë

лебедь

derr i egër

кабан

dre

олень

dre brilopatë

лось

digë

плотина

turbinë ere

ветряной генератор

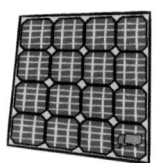

panel diellor

солнечная батарея

klimë

климат

peisazh - ландшафт

# restorant
# ресторан

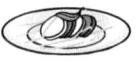

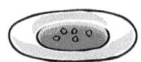

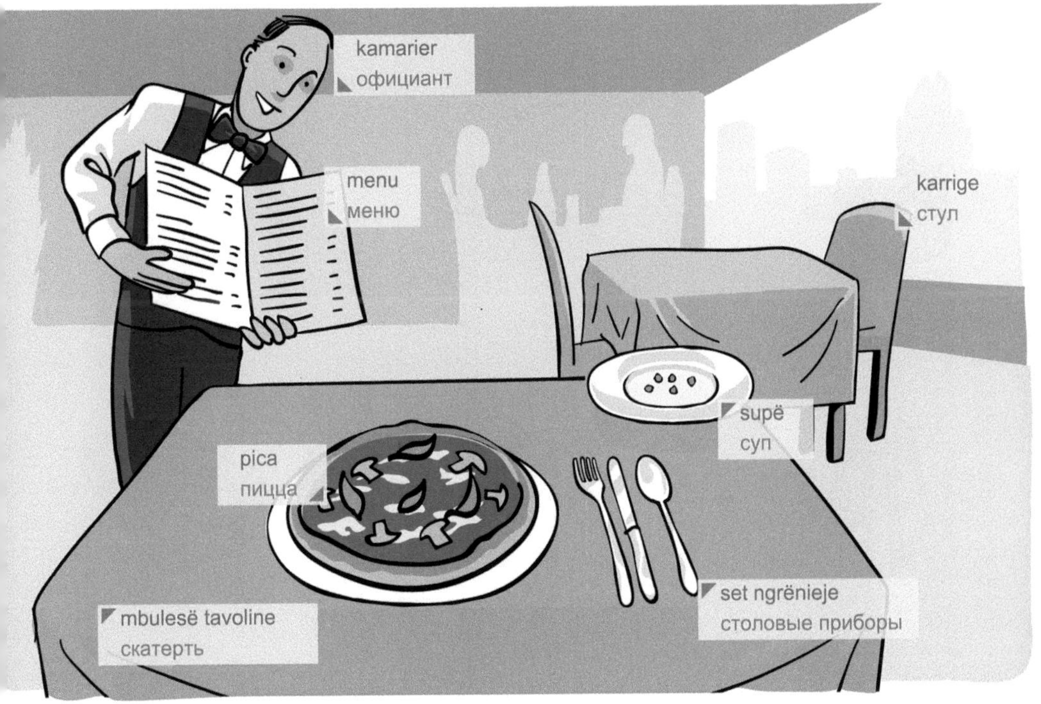
kamarier
официант
menu
меню
karrige
стул
supë
суп
pica
пицца
set ngrënieje
столовые приборы
mbulesë tavoline
скатерть

pjatë e parë

закуска

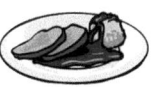

pjatë kryesore

главное блюдо

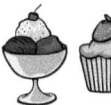

ëmbëlsirë

десерт

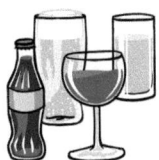

pije

напитки

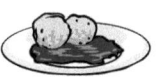

ushqim

еда

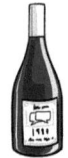

shishe

бутылка

ushqim i shpejtë

фастфуд

ushqim i shërbyer në rrugë

уличная еда

ibrik çaji

чайник

kuti sheqeri

сахарница

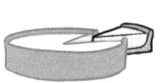

racion

порция

makinë kafeje ekspres

кофеварка

karrige e lartë

детский стульчик

faturë

счет

tabaka

поднос

thika

нож

pirun

вилка

lugë

ложка

lugë çaji

чайная ложка

pecetë

салфетка

gotë

стакан

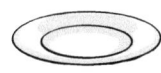

pjatë

тарелка

pjatë supe

суповая тарелка

pjatë filxhani

блюдце

salcë

соус

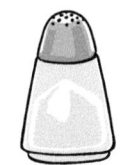

mbajtëse kripe

солонка

mulli piperi

мельница для перца

uthull

уксус

vaj

масло

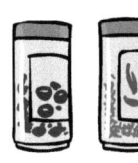

erëza

специи

keçap

кетчуп

mustardë

горчица

majonezë

майонез

# supermarket
# супермаркет

ofertë speciale
специальное предложение
FOR
klient
покупатель
produkte bulmeti
молочные продукты
frut
фрукты
karrocë pazari
тележка для покупок


BUTCHERS


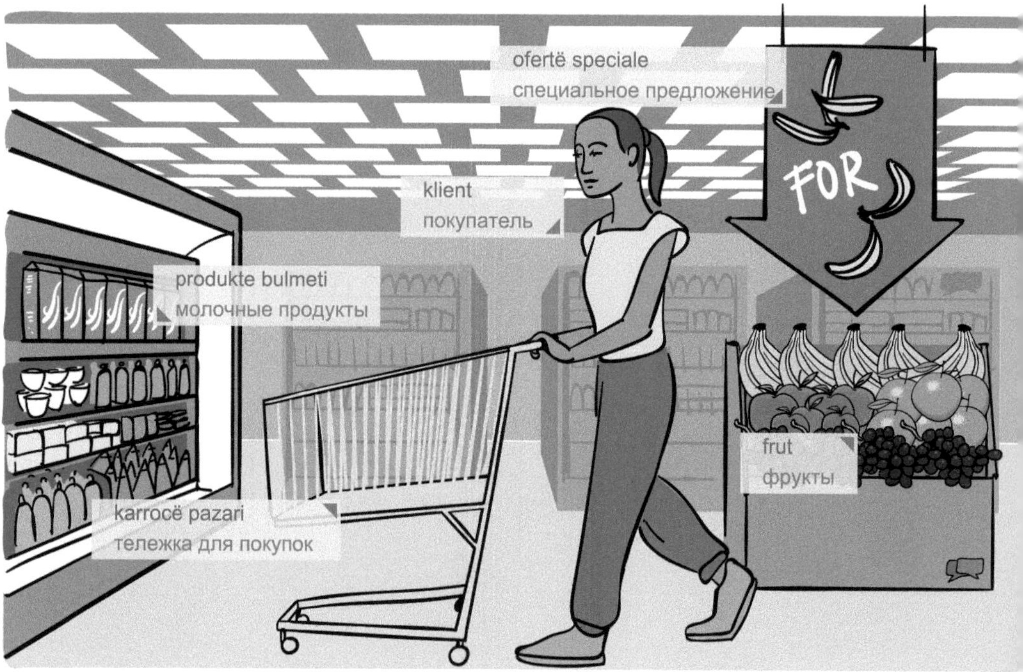

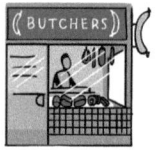

dyqan mishi

мясной магазин

BAKERY


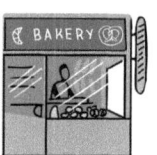

furrë buke

пекарня

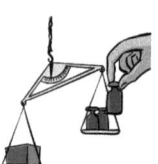

peshoj

взвешивать

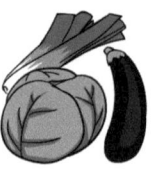

perime

овощи

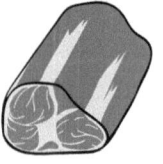

mish

мясо

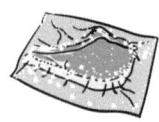

ushqim i ngrirë

быстрозамороженные продукты

copë

нарезка

ushqim i konservuar

консервы

pluhur larës

стиральный порошок

ëmbëlsirat

сладости

prodhime shtëpie

предмет домашнего обихода

produkte pastrimi

моющее средство

shitëse

продавщица

kasë fiskale

касса

arkëtar

кассир

listë blerjeje

список покупок

oraret e punës

время работы

portofol

бумажник

kartë krediti

кредитная карточка

çantë

сумка

qese plastike

полиэтиленовый пакет

**ujë**

вода

**lëng frutash**

сок

**qumësht**

молоко

**koka-kola**

кока-кола

**verë**

вино

**birrë**

пиво

**alkool**

алкоголь

**kakao**

какао

**çaj**

чай

**kafe**

кофе

**kafe ekspres**

эспрессо

**kapuçino**

капучино

banane

банан

mollë

яблоко

portokalle

апельсин

pjepër

арбуз

limon

лимон

karrotë

морковь

hudhër

чеснок

bambu

бамбук

qepë

лук

kërpudha

гриб

arra

орехи

makarona

лапша

spageti

спагетти

oriz

рис

sallatë

салат

patate të skuqura

картофель фри

patate të skuqura

жареный картофель

pica

пицца

hamburger

гамбургер

sanduiç

сэндвич

shnicel

шницель

proshutë

ветчина

sallam

салями

salçiçe

колбаса

pulë

курица

skuq

жаркое

peshk

рыба

**tërshërë**

овсяные хлопья

**drithëra**

мюсли

**kornfleiks**

кукурузные хлопья

**miell**

мука

**kruasant**

круассан

**panine**

булочка

**bukë**

хлеб

**tost**

тост

**biskotë**

печенье

**gjalp**

масло

**gjizë**

творог

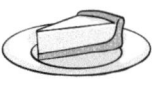

**tortë**

пирог

**vezë**

яйцо

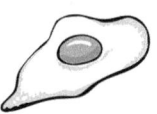

**vezë sy**

яичница

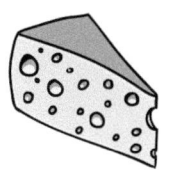

**djathë**

сыр

akullore

мороженое

sheqer

сахар

mjaltë

мёд

marmaladë

мармелад

çokokrem

крем с нугой

këri

карри

# fermë

# ферма

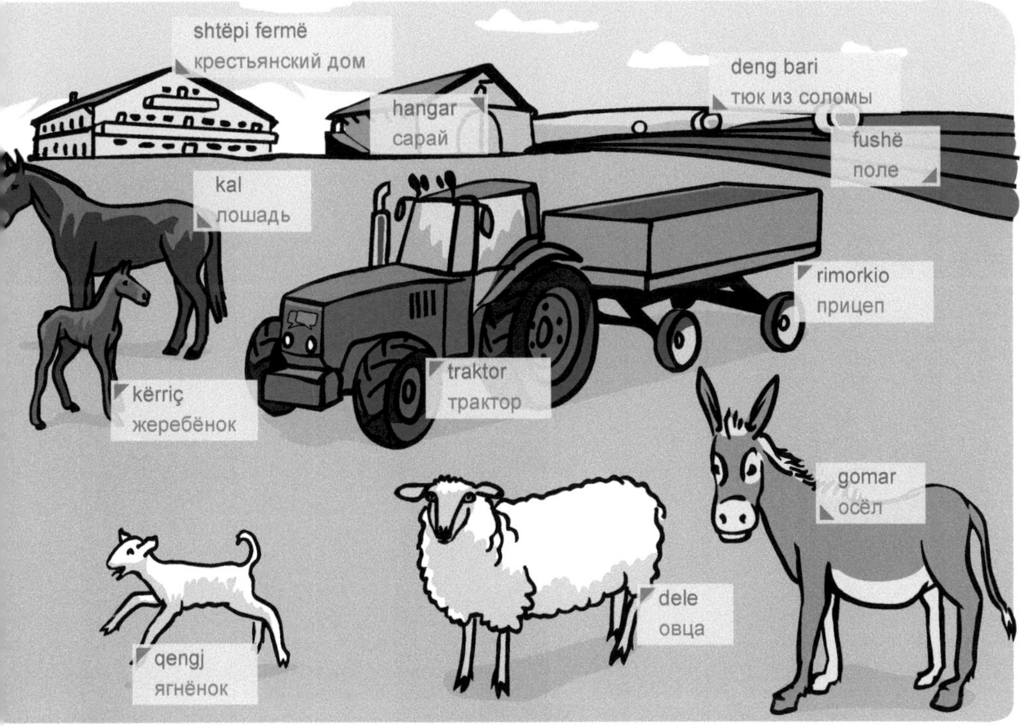
shtëpi fermë
крестьянский дом
hangar
сарай
deng bari
тюк из соломы
fushë
поле
kal
лошадь
rimorkio
прицеп
traktor
трактор
kërriç
жеребёнок
gomar
осёл
dele
овца
qengj
ягнёнок

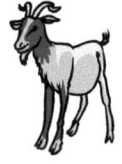

dhi

коза

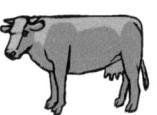

lopë

корова

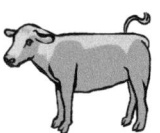

viç

телёнок

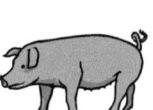

derr

свинья

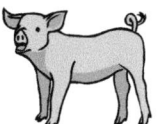

derrkuc

поросёнок

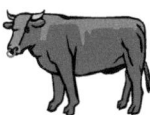

dem

бык

patë

гусь

rosë

утка

zog pule

цыплёнок

pulë

курица

gjel

петух

mi

крыса

mace

кошка

mi

мышь

buall

вол

qen

собака

kolibe qeni

конура

zorrë vaditëse

садовый шланг

vaditëse

лейка

kosë

коса

plug

плуг

dra   përr

серп

shat

мотыга

kosa

навозные вилы

sëpatë

топор

karrocë

тачка

govatë

корыто

bidon qumështi

бидон для молока

thes

мешок

gardh

забор

ahur

хлев

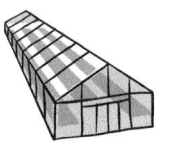

serë

теплица

dhe

почва

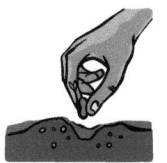

farë

посев

pleh

удобрение

autokombanjë

комбайн

fermë - ферма

korr

собирать урожай

te korrat

урожай

patate e ëmbël "Yam"

ямс

grurë

пшеница

soja

соя

patate

картофель

misër

кукуруза

raps

рапс

pemë frutore

фруктовое дерево

zhardhok manioku

маниок

drithëra

злаки

fermë - ферма

# shtëpi

## дом

oxhak
дымоход
çati
крыша
shkarkues uji
водосточный желоб
dritare
окно
zile e derës
звонок
garazh
гараж
derë
дверь
kosh plehërash
мусорное ведро
kuti postare
почтовый ящик
kopësht
сад


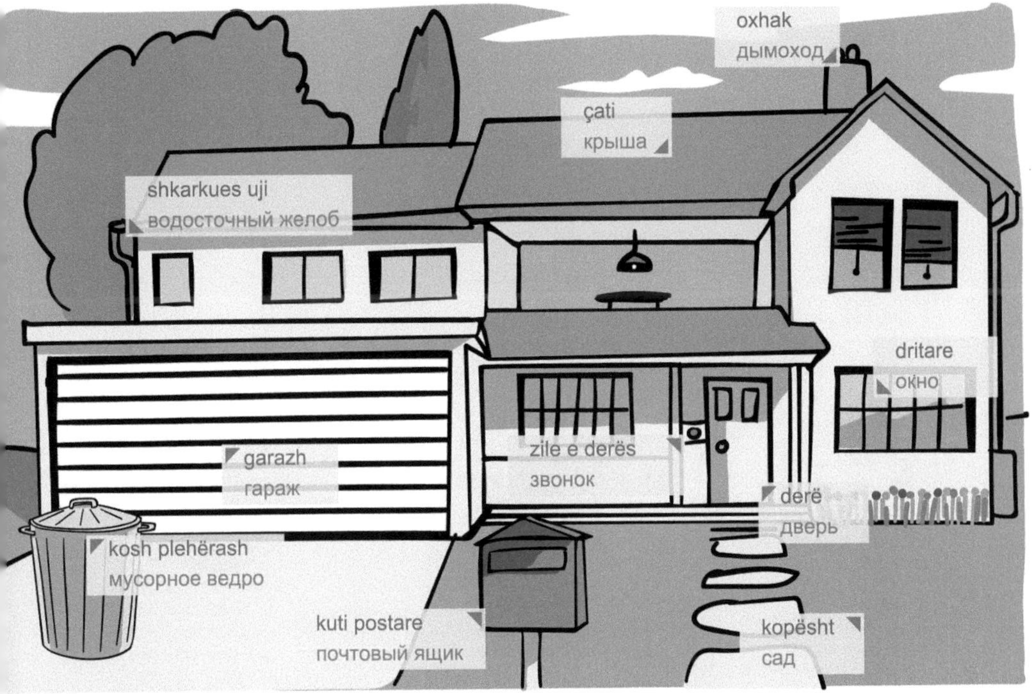

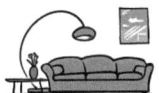

dhomë ndenjeje

гостиная

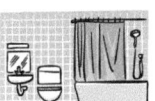

tualet

ванная комната

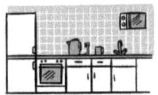

kuzhinë

кухня

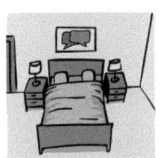

dhomë gjumi

спальня

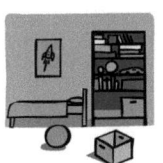

dhomë fëmijësh

детская комната

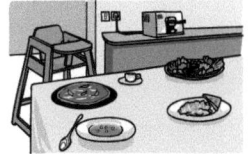

dhomë ngrënieje

столовая

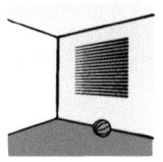

dysheme
......................
пол

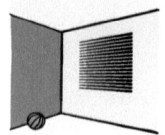

mur
......................
стена

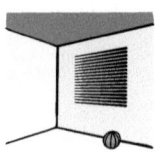

tavan
......................
потолок

bodrum
......................
подвал

sauna
......................
сауна

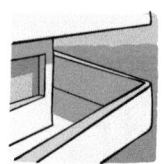

ballkon
......................
балкон

tarracë
......................
терраса

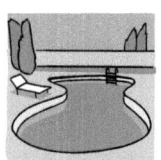

pishinë
......................
бассейн

kositëse bari
......................
газонокосилка

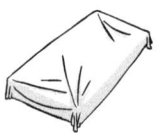

çarçaf
......................
пододеяльник

kuvertë
......................
покрывало

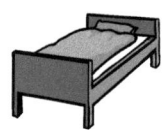

krevat
......................
кровать

fshesë dore
......................
метла

kovë
......................
ведро

çelës
......................
выключатель

# dhomë ndenjeje

## гостиная

tapiceri
обои
fotografi
рисунок
llambë
лампа
raft
полка
dollap
шкаф
pajisje televizive
телевизор
vatër
камин
lule
цветок
jastëk
подушка
divan
диван
vazo
ваза
telekomandë
пульт дистанционного управления


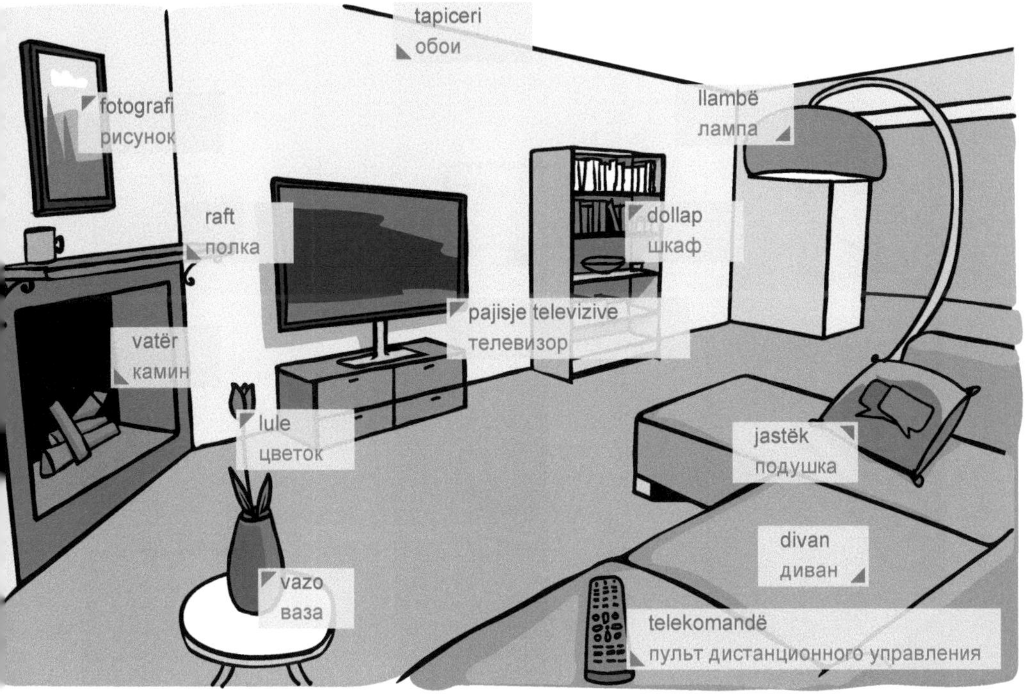

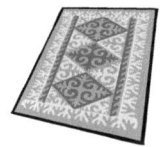

qilim

ковёр

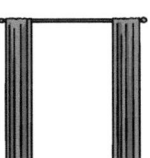

perde

штора

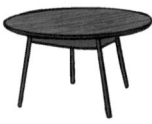

tavolinë

стол

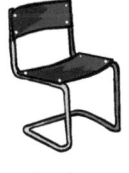

karrige

стул

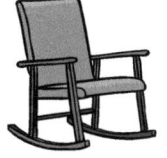

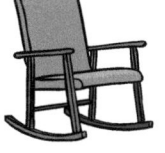

karrige lëkundëse

кресло-качалка

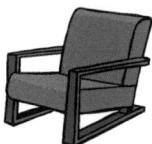

kolltuk

кресло

libri

книга

batanije

покрывало

zbukurime

украшение

dru zjarri

дрова

film

фильм

stereo

стереосистема

çelës

ключ

gazetë

газета

pikturë

картина

afishe

плакат

radio

радио

bllok shënimesh

блокнот

fshesë me korent

пылесос

kaktus

кактус

qiri

свеча

# kuzhinë
# кухня

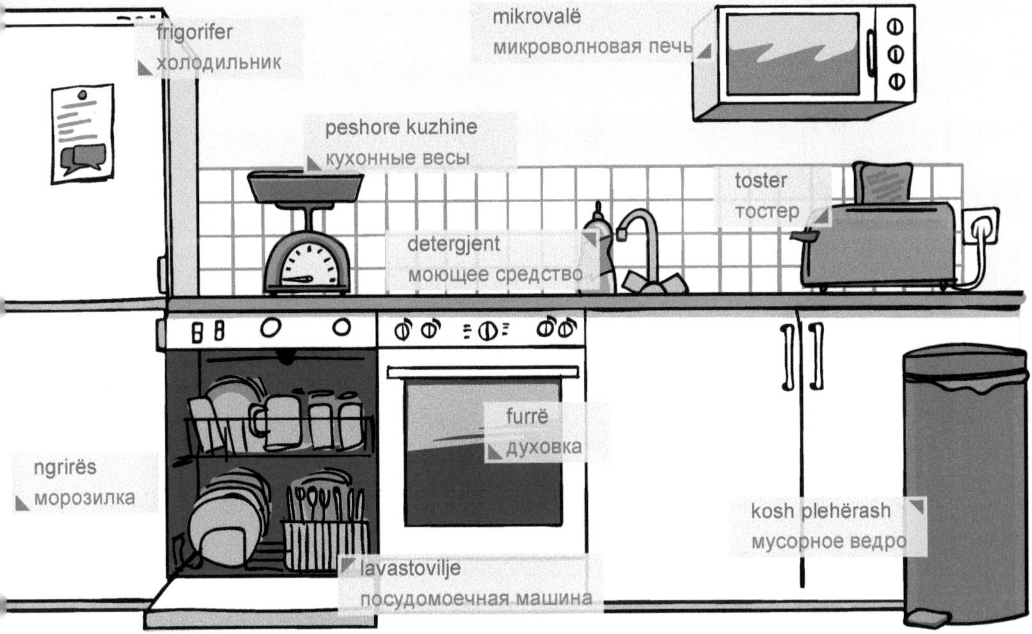
frigorifer
холодильник
mikrovalë
микроволновая печь
peshore kuzhine
кухонные весы
toster
тостер
detergjent
моющее средство
furrë
духовка
ngrirës
морозилка
kosh plehërash
мусорное ведро
lavastovilje
посудомоечная машина

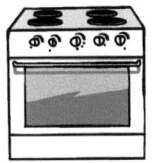

sobë

плита

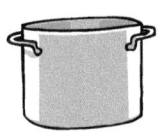

tenxhere

кастрюля

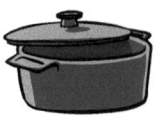

tenxhere me kapak

чугунный котелок

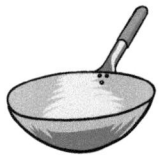

tigan special (Wok)

вок / кадай

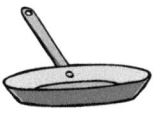

tigan

сковорода

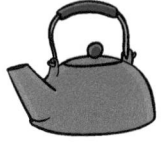

çajnik

чайник

**tenxhere me avull**

пароварка

**tavë pjekjeje**

противень

**enë**

посуда

**filxhan**

кружка

**tas**

миска

**shkopinj**

палочки для еды

**garuzhde**

половник

**spatul**

лопатка

**tel kuzhine**

сбивалка

**kulluese**

сито

**sitë**

сито

**rende**

тёрка

**havan**

ступка

**skarë**

гриль

**zjarr**

костёр

dërrasë për prerje

доска

okllai

скалка

heqëse tapash

штопор

kanaçe

жестяная банка

hapëse kanaçeje

консервный нож

rrobë për të kapur tenxheren

прихватка

lavaman

раковина

furçë

щетка

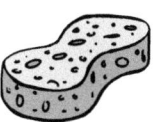

sfungjer

губка

përzjerës

миксер

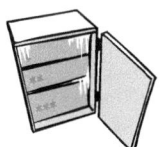

ngrirës

морозильная камера

biberon për lëngje

бутылочка для кормления

rubinet

кран

kuzhinë - кухня

# tualet

## ванная комната

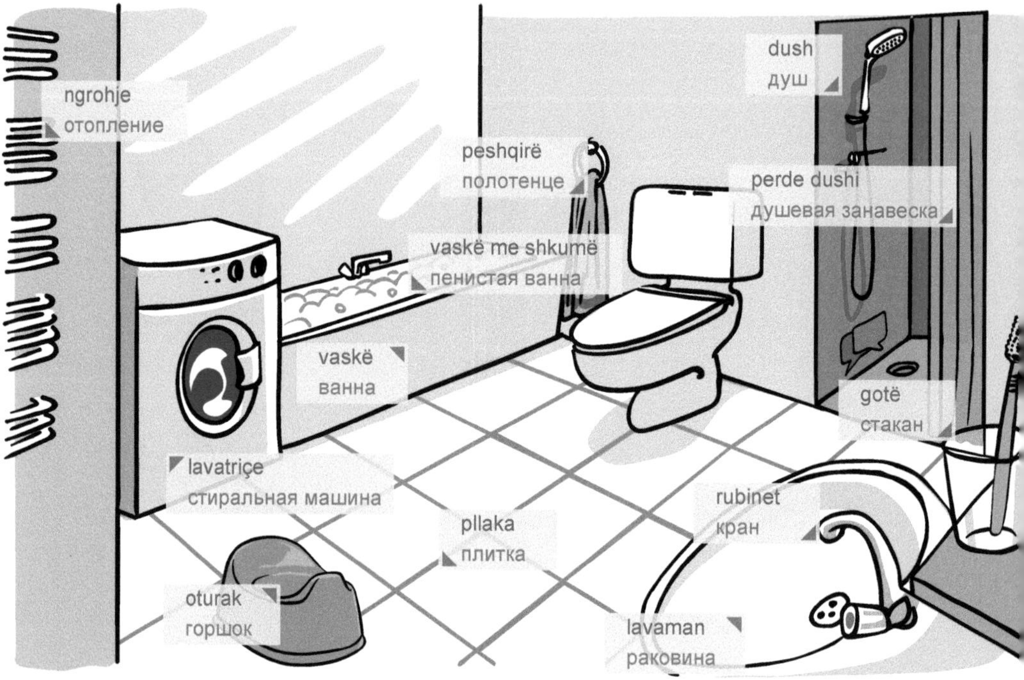

ngrohje
отопление
dush
душ
peshqirë
полотенце
perde dushi
душевая занавеска
vaskë me shkumë
пенистая ванна
vaskë
ванна
gotë
стакан
lavatriçe
стиральная машина
rubinet
кран
pllaka
плитка
oturak
горшок
lavaman
раковина


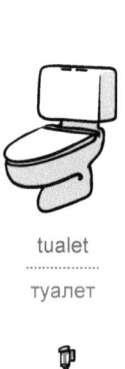

tualet

туалет

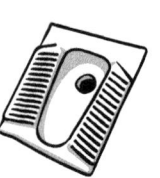

WC e sheshtë

напольный унитаз

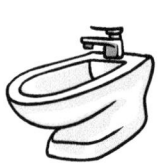

bide

биде

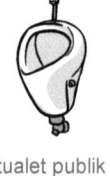

tualet publik

писсуар

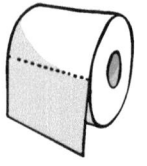

letër higjienike

туалетная бумага

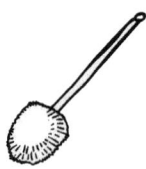

furçe për WC

ершик

furçë dhëmbësh

зубная щетка

pastë dhëmbësh

зубная паста

fije dentare

зубная нить

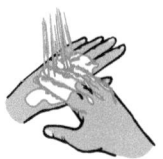

laj

мыть

dorezë dushi

ручной душ

larës për zonën intime

интимный душ

legen

таз

furçë për masazh shpine

щетка для спины

sapun

мыло

shampo trupi

гель для душа

shampo

шампунь

leckë pastruese

мочалка

kullues

сток

krem

крем

antidjersë

дезодорант

**pasqyrë**

зеркало

**pasqyrë dore**

ручное зеркало

**brisk rroje**

бритва

**shkumë rroje**

пена для бритья

**locion pas rrojes**

лосьон после бритья

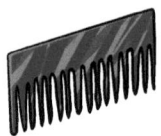

**krehër**

расческа

**furçë**

щетка

**tharëse flokësh**

фен

**llak për flokët**

лак для волос

**grim**

косметика

**buzëkuq**

губная помада

**manikyr**

лак для ногтей

**mbushje pambuku**

вата

**gërshërë për thonj**

маникюрные ножницы

**parfum**

духи

çantë për sendet personale

..................

косметичка

Stol

..................

табуретка

peshore

..................

весы

robëdëshambër

..................

халат

dorashka gome

..................

резиновые перчатки

tampon

..................

тампон

peceta higjienike

..................

гигиеническая прокладка

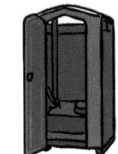

tualet I lëvizshëm

..................

биотуалет

# dhomë fëmijësh

## детская комната

orë me zile
будильник
lodra me pellushë
мягкая игрушка
makinë lodër
игрушечный автомобиль
rraketake
погремушка
shtëpi kukullash
кукольный домик
dhuratë
подарок

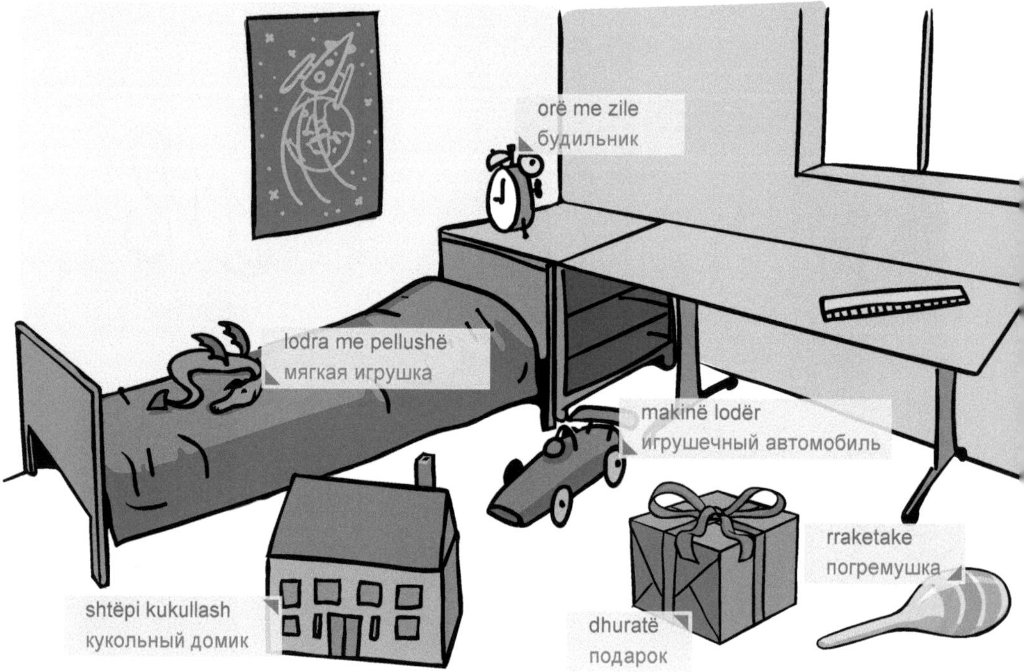

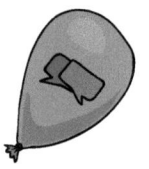

tollumbace

воздушный шар

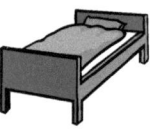

krevat

кровать

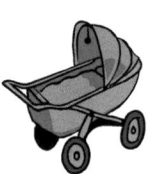

karrocë fëmijësh

детская коляска

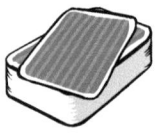

lojë me letra

карточная игра

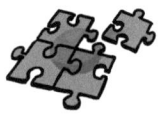

bashkim pjesësh me figura

пазл

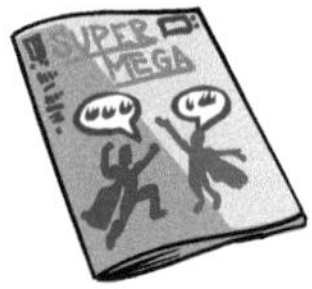

komik

комикс

formuese lodër

кирпичики Лего

kuba plastikë

кубики

lodra

игрушечная фигурка

badi

ползунки

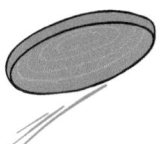

frizbi

фрисби

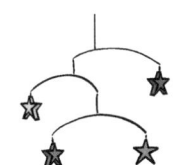

lodra të varura tek krevati i
fëmijëve

мобиле

tavolinë lojërash

настольная игра

zare

кубик

model treni

модель железной дороги

biberon

соска

festë

вечеринка

libër me ilustrime

книга с картинками

top

мяч

kukull

кукла

luaj

играть

grumbull rëre

песочница

kolovarëse

качели

lodra

игрушка

leva për lojra video

игровая приставка

triçikël

трёхколесный велосипед

arush prej pellushi

плюшевый медвежонок

garderobë

шкаф для одежды

# veshje

## одежда

çorape

носки

çorape të gjata

чулки

geta

колготки

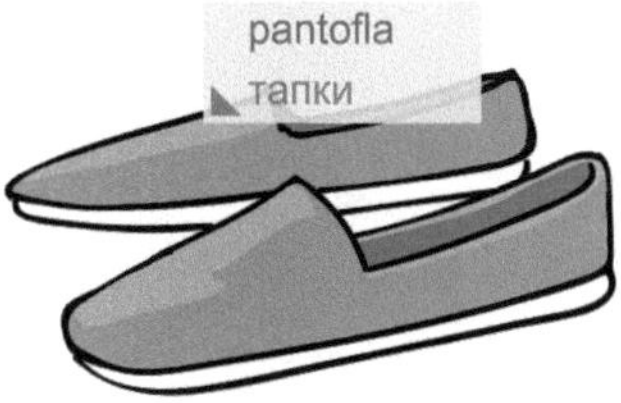

shall
шарф

çadër
зонтик

bluzë pa jakë
футболка

rrip
ремень

çizme
сапоги

pantofla
тапки

atlete
кроссовки

sandale
....................
сандалии

këpucë
....................
ботинки

çizme llastiku
....................
резиновые сапоги

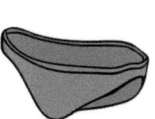

të mbathura
....................
трусы

reçipeta
....................
бюстгальтер

kanotierë
....................
майка

trup
........................
боди

pantallona
........................
брюки

xhinse
........................
джинсы

fund
........................
юбка

bluzë
........................
блузка

këmishë
........................
рубашка

pulovër
........................
свитер

triko
........................
свитер

xhaketë
........................
спортивная куртка

xhaketë
........................
жакет

pallto
........................
пальто

mushama shiu
........................
плащ

kostum
........................
костюм

fustan
........................
платье

fustan nusërie
........................
свадебное платье

kostum

мужской костюм

këmishë nate

ночная сорочка

pizhama

пижама

sari (veshje tradicionale indiane)

сари

shami koke

платок

çallmë

тюрбан

veshje për femrat e besimit musliman

паранджа

kaftan (lloj veshjeje tradicionale)

кафтан

ferexhe

абайя

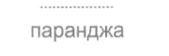

kostum banje

купальник

rroba banje

плавки

pantallona të shkurtra

шорты

tuta sporti

спортивный костюм

përparëse

фартук

dorashka

перчатки

**kopsë**

пуговица

**syze**

очки

**byzylyk**

браслет

**gjerdan**

цепочка

**unazë**

кольцо

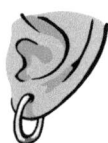

**vath**

серьга

**kapuç**

шапка

**varëse për pallto**

вешалка

**kapele**

шляпа

**kravatë**

галстук

**zinxhir**

застежка молния

**helmetë**

шлем

**tiranda**

подтяжки

**uniformë shkolle**

школьная форма

**uniformë**

форма

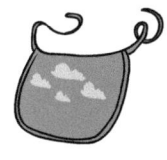

gushore

детский нагрудник

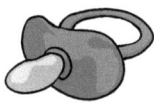

biberon

соска

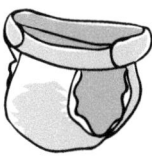

pelenë

подгузник

# zyrë
# офис

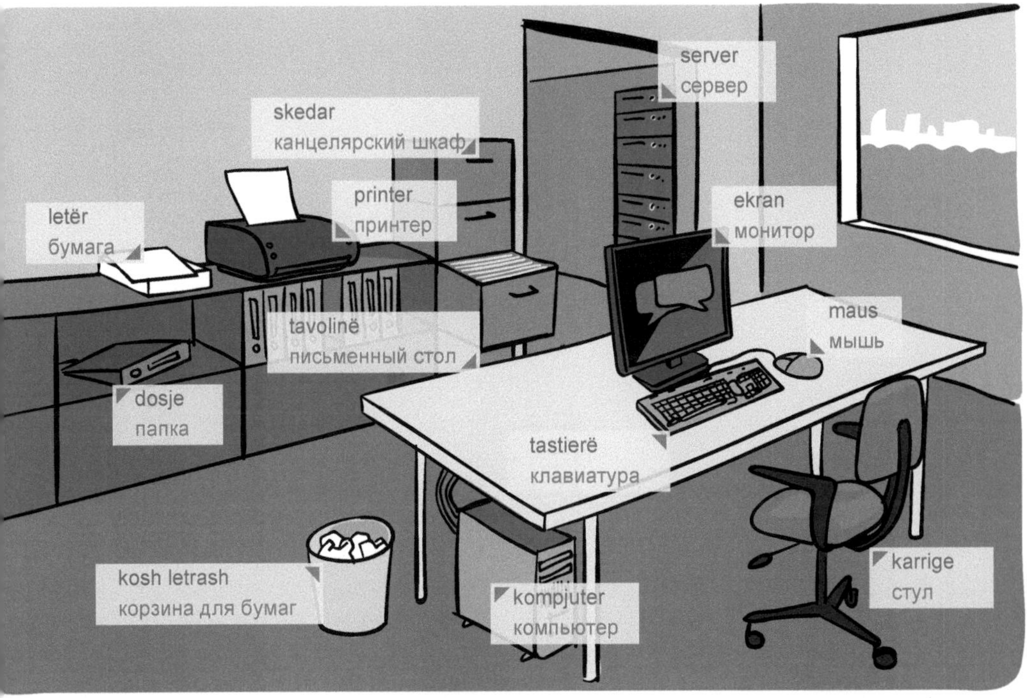
server
сервер
skedar
канцелярский шкаф
printer
принтер
letër
бумага
ekran
монитор
maus
мышь
tavolinë
письменный стол
dosje
папка
tastierë
клавиатура
kosh letrash
корзина для бумаг
kompjuter
компьютер
karrige
стул

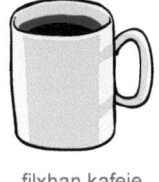

filxhan kafeje

кофейная кружка

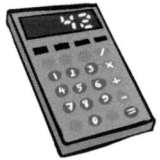

makinë llogaritëse

калькулятор

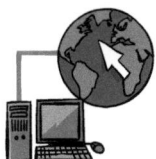

internet

интернет

kompjuter portativ
ноутбук

letër
письмо

mesazh
сообщение

telefon
мобильный телефон

rrjet
сеть

fotokopje
ксерокс

program
программа

telefon
телефон

prizë
розетка

pajisje faksi
факс

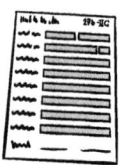

formular
формуляр

dokument
документ

blej

покупать

paguaj

платить

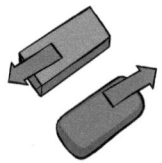

tregtoj

торговать

para

деньги

 **USD**

dollar

доллар

 **EUR**

euro

евро

 **JPY**

jen

иена

 **RUB**

rubla

рубль

 **CHF**

franga zvicerane

франк

 **CNY**

juani kinez

жэньминьби юань

 **INR**

rupje

рупия

bankomat

банкомат

pikë këmbimi valutor

пункт обмена валюты

ar

золото

argjend

серебро

nafta

нефть

energji

энергия

çmim

цена

kontratë

договор

taksë

налог

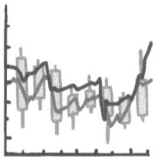

aksione

акция

punoj

работать

punonjës

служащий

punëdhënës

работодатель

fabrikë

фабрика

dyqan

магазин

# profesionet
# профессии

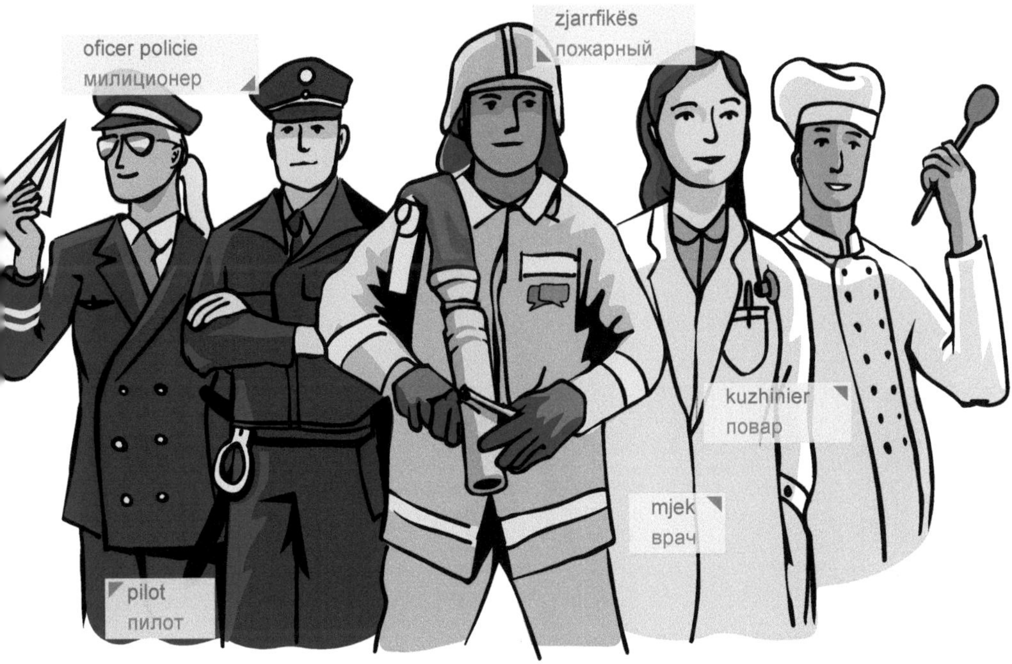

oficer policie
милиционер
zjarrfikës
пожарный
kuzhinier
повар
mjek
врач
pilot
пилот


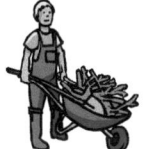

kopshtar

садовник

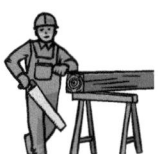

marangoz

столяр

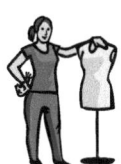

rrobaqepëse

швея

gjykatës

судья

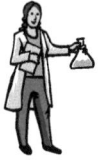

kimist

химик

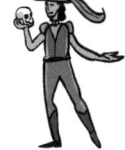

aktor

актёр

**shofer autobuzi**

водитель автобуса

**taksist**

таксист

**peshkatar**

рыбак

**pastruese**

уборщица

**riparues çatish**

кровельщик

**kamarier**

официант

**gjuetar**

охотник

**piktor**

художник

**furrxhi**

пекарь

**elektriçist**

электрик

**ndërtues**

строитель

**inxhinier**

инженер

**kasap**

мясник

**hidraulik**

сантехник

**postieri**

почтальон

ushtar

солдат

arkitekt

архитектор

arkëtar

кассир

luleshitës

флорист

berber

парикмахер

kontrollor

кондуктор

mekanik

механик

kapiten

капитан

dentist

зубной врач

shkencëtar

ученый

rabin

раввин

imam

имам

murg

монах

klerik

священник

# mjete

## инструменты

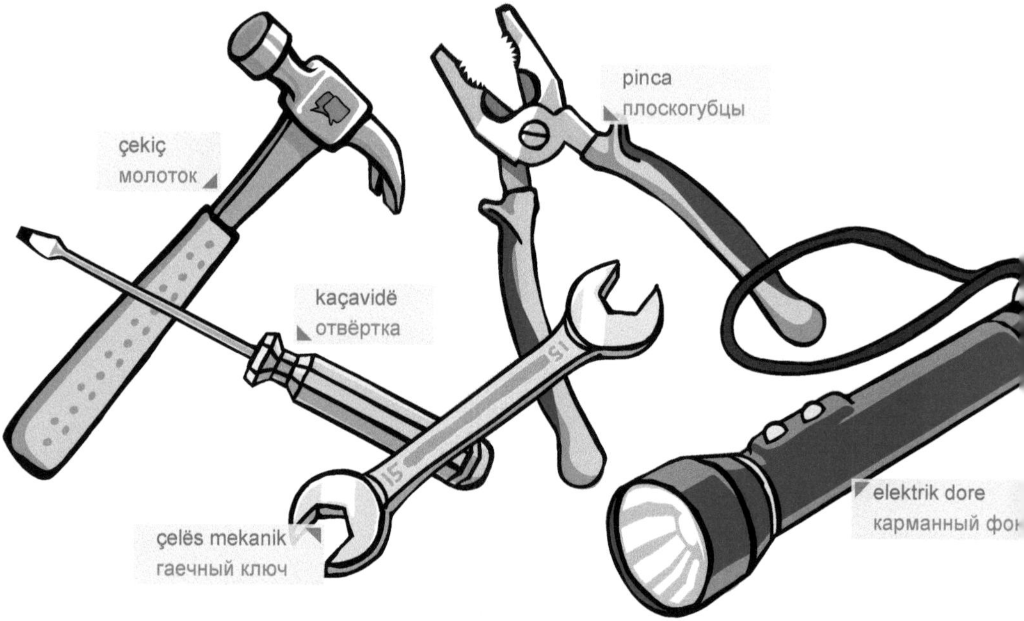

çekiç
молоток
pinca
плоскогубцы
kaçavidë
отвёртка
çelës mekanik
гаечный ключ
elektrik dore
карманный фо


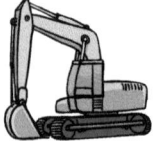

ekskavator

экскаватор

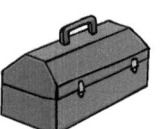

kuti veglash

ящик для инструментов

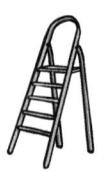

shkallë

стремянка

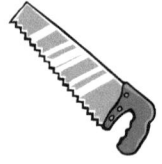

sharrë

пила

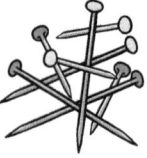

gozhdë

гвозди

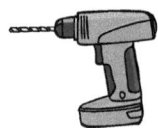

trapan

дрель

riparoj

ремонтировать

lopatë

лопата

Dreq!

Блин!

kaci

совок

kuti boje

ведро с краской

vidhë

винты

## instrumenta muzikorë
## музыкальные инструменты

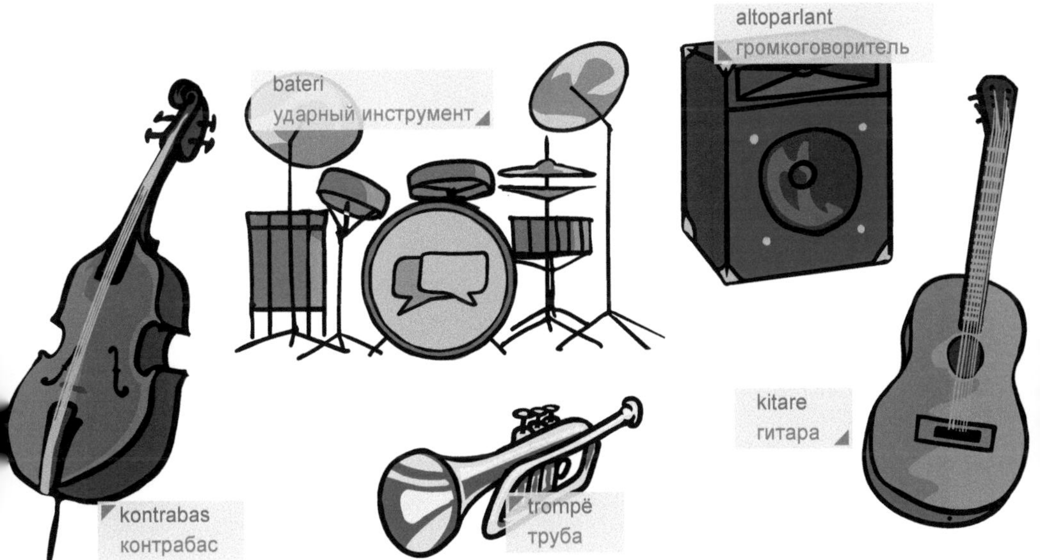

bateri
ударный инструмент

altoparlant
громкоговоритель

kitare
гитара

kontrabas
контрабас

trompë
труба

piano

пианино

violinë

скрипка

bas

бас-гитара

tamburë

литавры

daulle

барабан

tastierë pianoje

синтезатор

saksofon

саксофон

flaut

флейта

mikrofon

микрофон

# kopsht zoologjik
## зоопарк

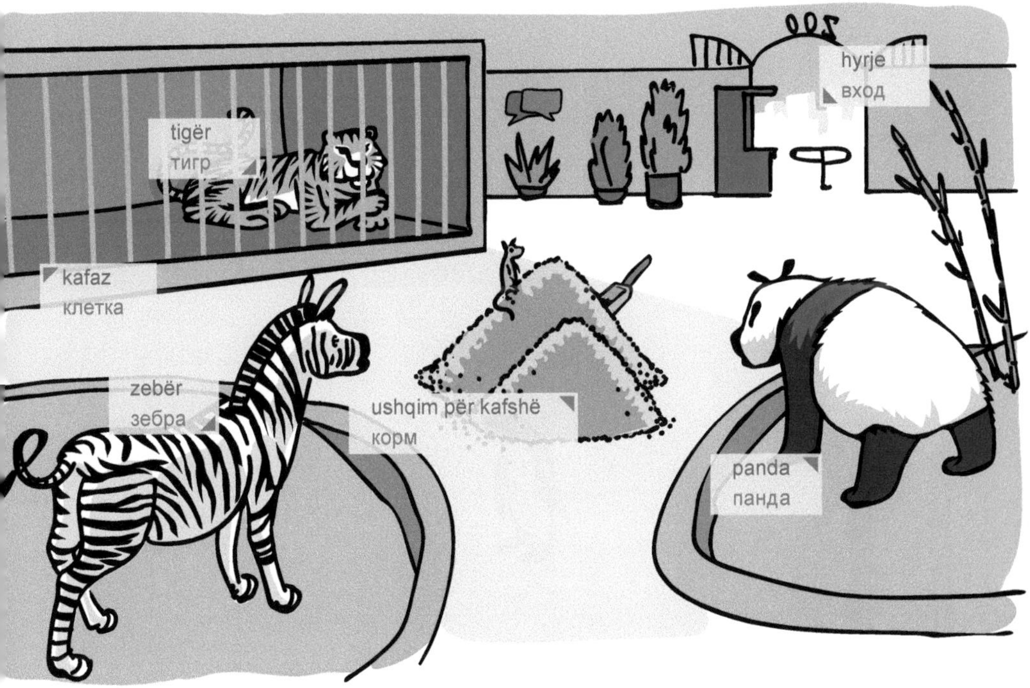

zoo
hyrje
вход
tigër
тигр
kafaz
клетка
zebër
зебра
ushqim për kafshë
корм
panda
панда


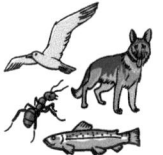

kafshë
животные

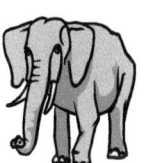

elefant
слон

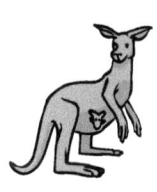

kangur
кенгуру

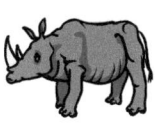

rinoceront
носорог

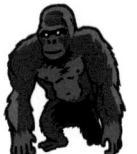

gorillë
горилла

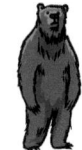

ari
медведь

deve

верблюд

struc

страус

luan

лев

majmun

обезьяна

flamingo

фламинго

papagall

попугай

ari polar

белый медведь

pinguin

пингвин

peshkaqen

акула

pallua

павлин

gjarpër

змея

krokodil

крокодил

punonjës i kopshtit zoologjik

служитель зоопарка

fokë

тюлень

xhaguar

ягуар

poni

пони

leopard

леопард

hipopotam

бегемот

gjirafë

жираф

shqiponjë

орёл

derr i egër

кабан

peshk

рыба

breshkë

черепаха

lopë deti

морж

dhelpër

лиса

gazelë

газель

kopsht zoologjik - зоопарк

futboll amerikan
американский футбол

çiklizëm
езда на велосипеде

tenis
теннис

basketboll
баскетбол

not
плавание

boks
бокс

hokej mbi akull
хоккей

| | | |
|---|---|---|
| futboll | badminton | atletikë |
| футбол | бадминтон | лёгкая атлетика |
| hendboll | ski | polo |
| гандбол | лыжный спорт | поло |

# aktivitet
# действия

qesh
смеяться
hidhem
прыгать
përqafoj
обнимать
eci
идти
këndoj
петь
ëndërroj
мечтать
lutem
молиться
puth
целовать

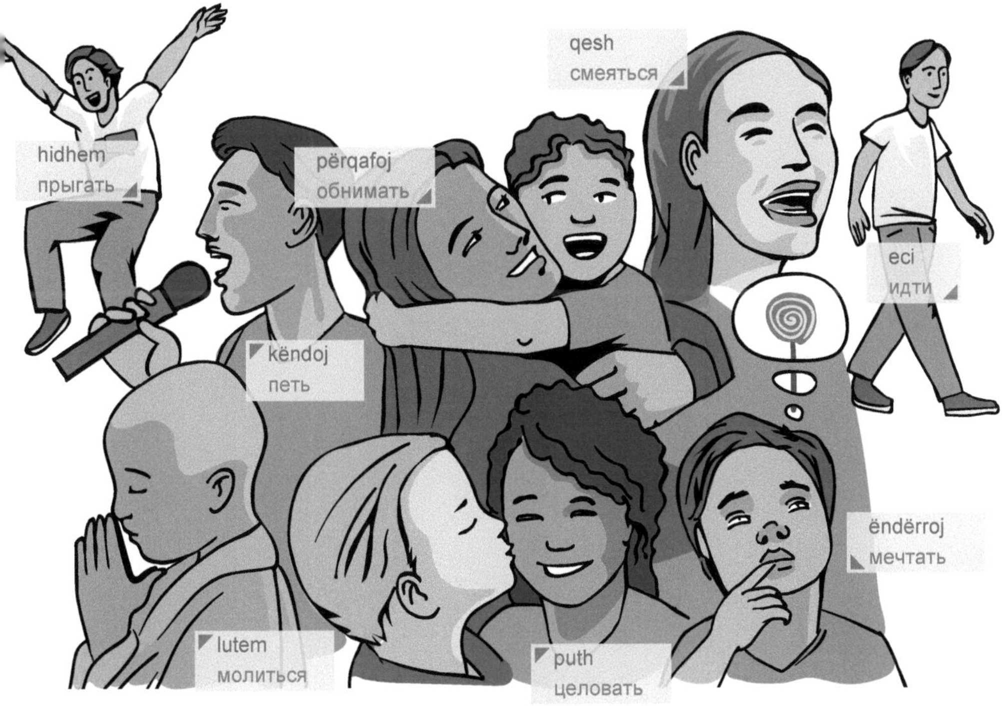

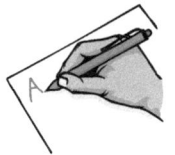

shkruaj
писать

vizatoj
рисовать

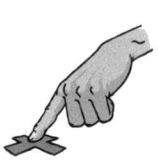

tregoj
показывать

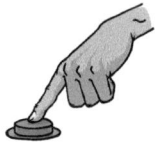

shtyj
нажимать

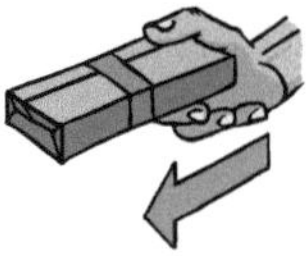

jap
давать

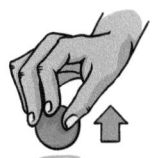

marr
брать

kam

иметь

bëj

делать

jam

быть

qëndroj

стоять

vrapoj

бежать

tërheq

тянуть

hedh

бросать

bie

падать

shtrihem

лежать

pres

ждать

mbaj

носить

ulem

сидеть

vishem

надевать

fle

спать

zgjohem

просыпаться

shikoj

рассматривать

qaj

плакать

përkëdhel

гладить

kreh

причесывать

bisedoj

говорить

kuptoj

понимать

kërkoj

спрашивать

dëgjoj

слушать

pi

пить

ha

кушать

sistemoj

наводить порядок

dashuroj

любить

gatuaj

готовить

drejtoj makinën

ехать

fluturoj

летать

aktivitet - действия

**lundroj**

ходить под парусом

**llogaris**

считать

**lexoj**

читать

**mësoj**

учиться

**punoj**

работать

**martohem**

вступать в брак

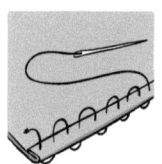

**qep**

шить

**laj dhëmbët**

чистить зубы

**vras**

убивать

**tymos**

курить

**dërgoj**

отправлять

gjyshe
бабушка

gjysh
дедушка

baba
папа

nënë
мама

bebe
младенец

vajzë
дочь

djalë
сын

mysafir

гость

teze, hallë

тетя

dajë, xhaxha

дядя

vëlla

брат

motër

сестра

# trupi

# тело

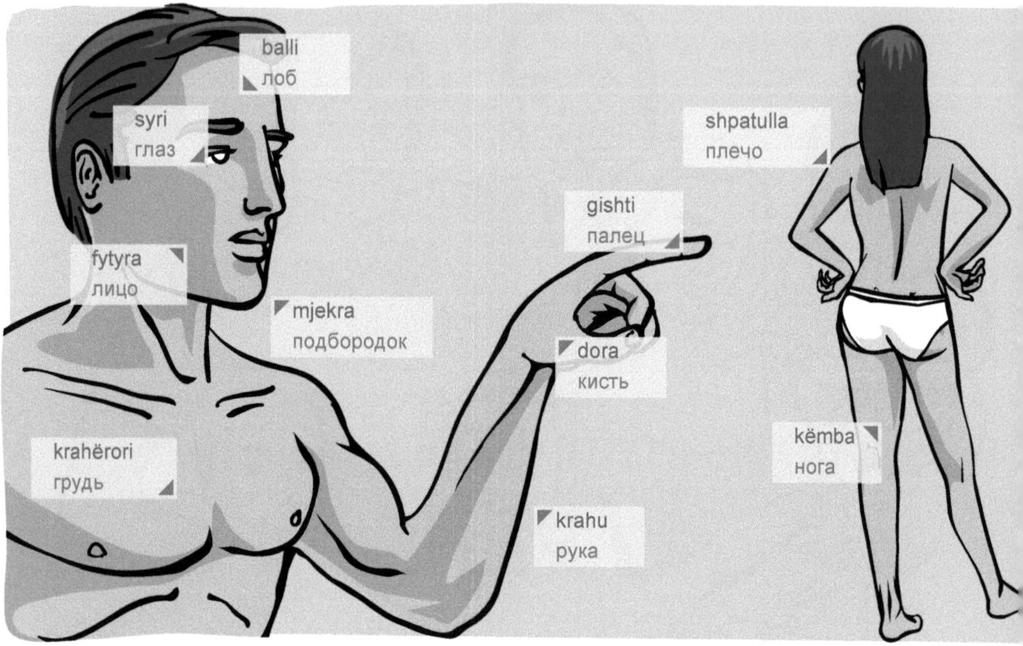
balli
лоб
syri
глаз
shpatulla
плечо
gishti
палец
fytyra
лицо
mjekra
подбородок
dora
кисть
krahërori
грудь
këmba
нога
krahu
рука

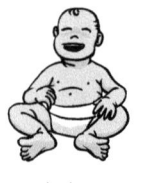

bebe
младенец

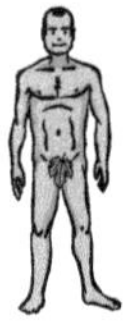

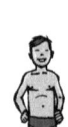

burrë
мужчина

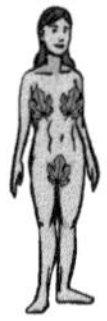

grua
женщина

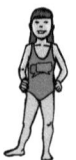

vajzë
девочка

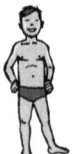

djalë
мальчик

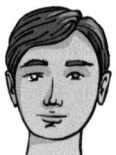

koka
голова

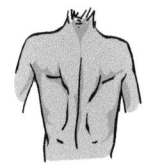

shpina

спина

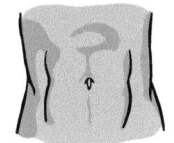

barku

живот

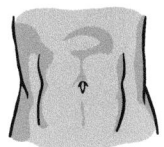

kërthiza

пупок

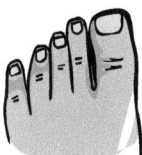

gisht këmbe

палец ноги

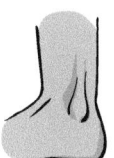

Thembra

пятка

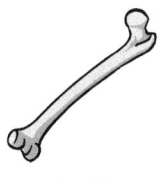

kockë

кость

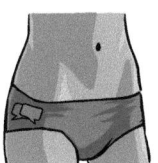

legeni

бедро

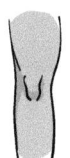

gjuri

колено

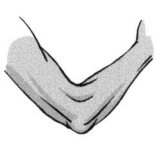

bërryli

локоть

hunda

нос

vithe

ягодицы

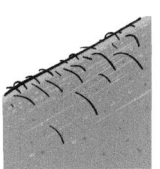

lëkura

кожа

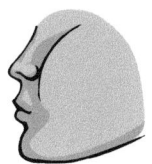

faqja

щека

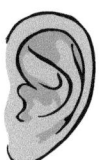

veshi

ухо

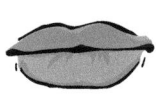

buza

губа

goja

рот

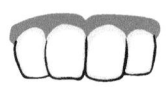

dhëmbët

зуб

gjuha

язык

truri

мозг

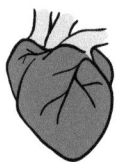

zemra

сердце

muskul

мышца

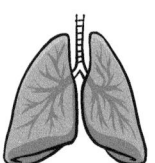

mushkëria

лёгкое

mëlçia

печень

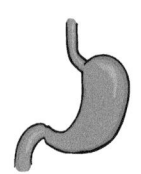

stomaku

желудок

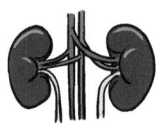

veshka

почки

seks

половой акт

prezervativ

презерватив

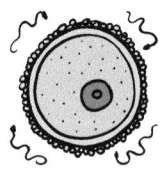

veza

яйцеклетка

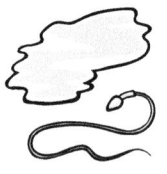

sperma

сперма

shtatëzani

беременность

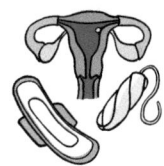

menstruacione
.................
менструация

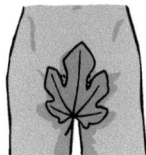

vagina
.................
вагина

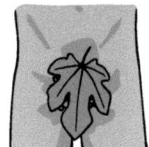

penis
.................
пенис

vetulla
.................
бровь

flokët
.................
волосы

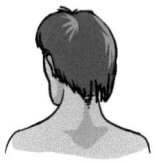

qafa
.................
шея

# spital
# больница

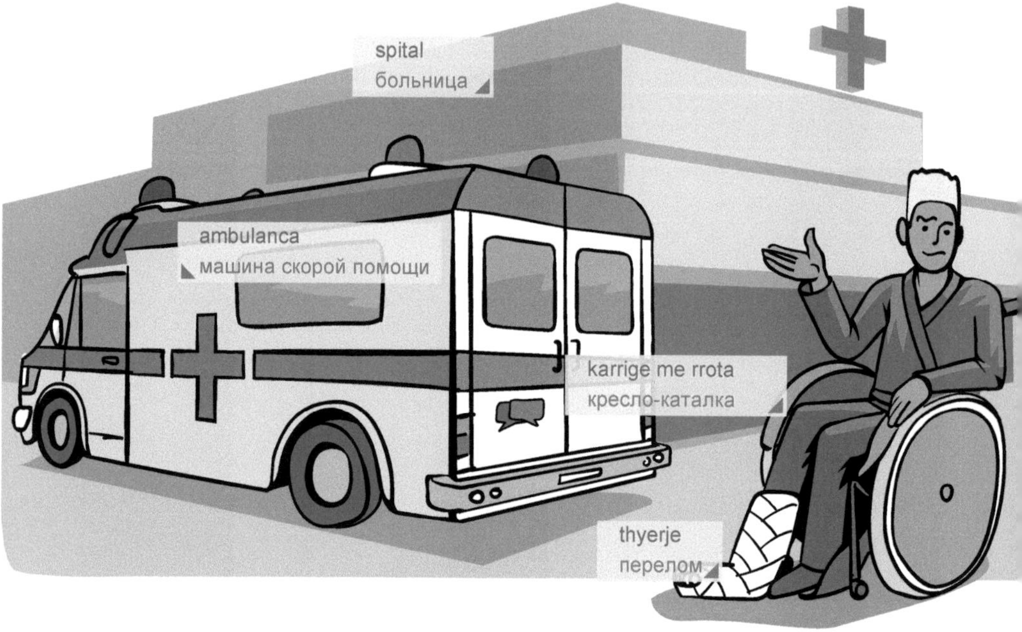

spital
больница
ambulanca
машина скорой помощи
karrige me rrota
кресло-каталка
thyerje
перелом

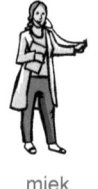

mjek

врач

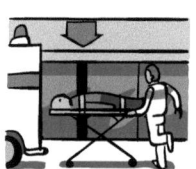

sallë urgjencash

пункт первой помощи

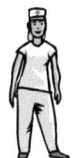

infermiere

медсестра

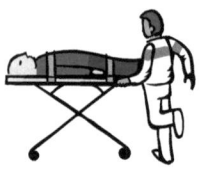

emergjencë

неотложный случай

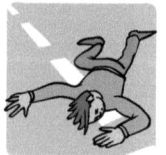

i pandërgjegjshëm

без сознания

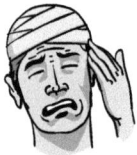

dhimbje

боль

dëmtim

повреждение

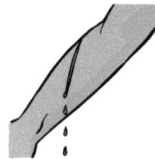

gjakosje

кровотечение

infarkt

инфаркт

goditje

инсульт

alergji

аллергия

kolla

кашель

ethe

повышенная температура

grip

грипп

diarre

понос

dhimbje koke

головная боль

kancer

рак

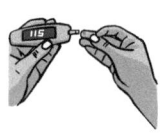

diabet

диабет

kirurg

хирург

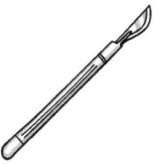

bisturi

скальпель

operacion

операция

CT (skaner)
КТ

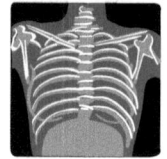

radiografi
рентген

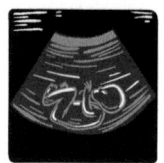

ultratingull
ультразвук

maskë fytyre
маска

sëmundje
болезнь

dhomë pritjeje
приёмная

paterica
костыль

leukoplast
пластырь

fasho
бинт

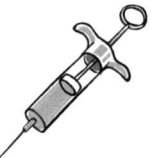

injeksion
укол

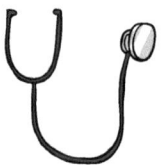

stetoskop
стетоскоп

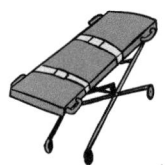

barelë
носилки

termometër
термометр

lindje
рождение

mbipeshë
избыточный вес

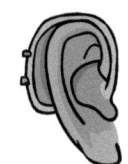

aparat dëgjimi

слуховой аппарат

virus

вирус

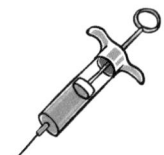

vaksinim

прививка

telefonatë emergjence

экстренный вызов

dezinfektant

дезинфекционное
средство

HIV / AIDS

ВИЧ / СПИД

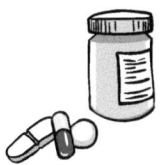

tableta

таблетки

aparat tensioni

прибор для измерения
кровяного давления

infeksion

инфекция

mjekësi, mjekim

лекарство

pilulë

противозачаточная
таблетка

i sëmurë / i shëndetshëm

больной / здоровый

Ndihmë!

Помогите!

sulm

нападение

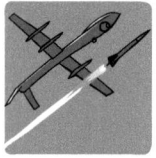

atak

атака

rrezik

опасность

dalje emergjence

запасной выход

Zjarr!

Пожар!

fikëse zjarri

огнетушитель

aksident

несчастный случай

alarm

сигнал тревоги

kuti e ndimës së shpejtë

аптечка

SOS

SOS

policia

милиция

Europa

Европа

Amerika e Veriut

Северная Америка

Amerika e Jugut

Южная Америка

Afrika

Африка

Azia

Азия

Australia

Австралия

Atlantiku

Атлантический океан

Paqësori

Тихий океан

Oqeani Indian

Индийский океан

Oqeani Antarktik

Антарктический океан

Oqeani Arktik

Северный Ледовитый
океан

Poli i veriut

Северный полюс

Poli i Jugut
Южный полюс

Antarktida
Антарктика

toka
земля

tokë
суша

det
море

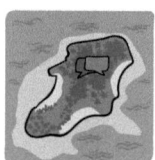

ishull
остров

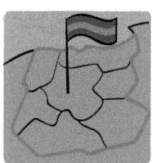

komb
нация

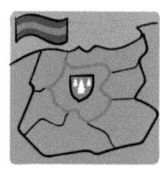

shtet
государство

toka - земля

fusha e orës

циферблат

akrepi i orës

часовая стрелка

akrepi i minutave

минутная стрелка

akrepi i sekondave

секундная стрелка

Sa është ora?

Который час?

ditë

день

kohë

время

tani

сейчас

orë dixhitale

электронные часы

minutë

минута

orë

час

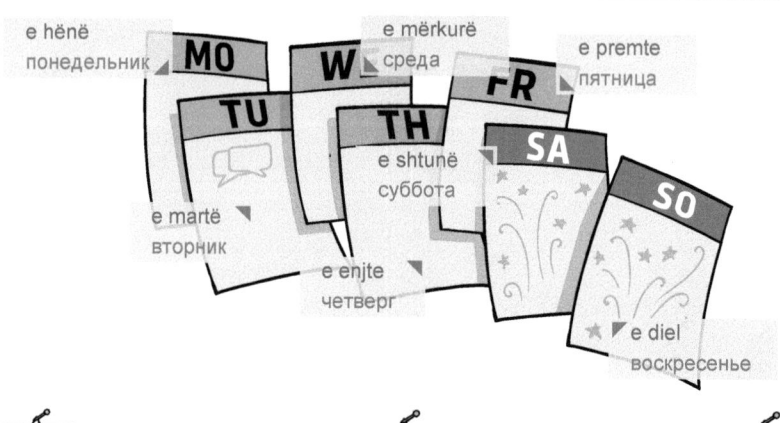

e hënë — понедельник
e mërkurë — среда
e premte — пятница
e martë — вторник
e shtunë — суббота
e enjte — четверг
e diel — воскресенье

dje
.................
вчера

sot
.................
сегодня

nesër
.................
завтра

mëngjes
.................
утро

mesditë
.................
полдень

mbrëmje
.................
вечер

| MO | TU | WE | TH | FR | SA | SU |
|----|----|----|----|----|----|----|
| 1 | 2 | 3 | 4 | 5 | 6 | 7 |
| 8 | 9 | 10 | 11 | 12 | 13 | 14 |
| 15 | 16 | 17 | 18 | 19 | 20 | 21 |
| 22 | 23 | 24 | 25 | 26 | 27 | 28 |
| 29 | 30 | 31 | 1 | 2 | 3 | 4 |

ditë pune
.................
рабочие дни

| MO | TU | WE | TH | FR | SA | SU |
|----|----|----|----|----|----|----|
| 1 | 2 | 3 | 4 | 5 | 6 | 7 |
| 8 | 9 | 10 | 11 | 12 | 13 | 14 |
| 15 | 16 | 17 | 18 | 19 | 20 | 21 |
| 22 | 23 | 24 | 25 | 26 | 27 | 28 |
| 29 | 30 | 31 | 1 | 2 | 3 | 4 |

fundjavë
.................
выходные

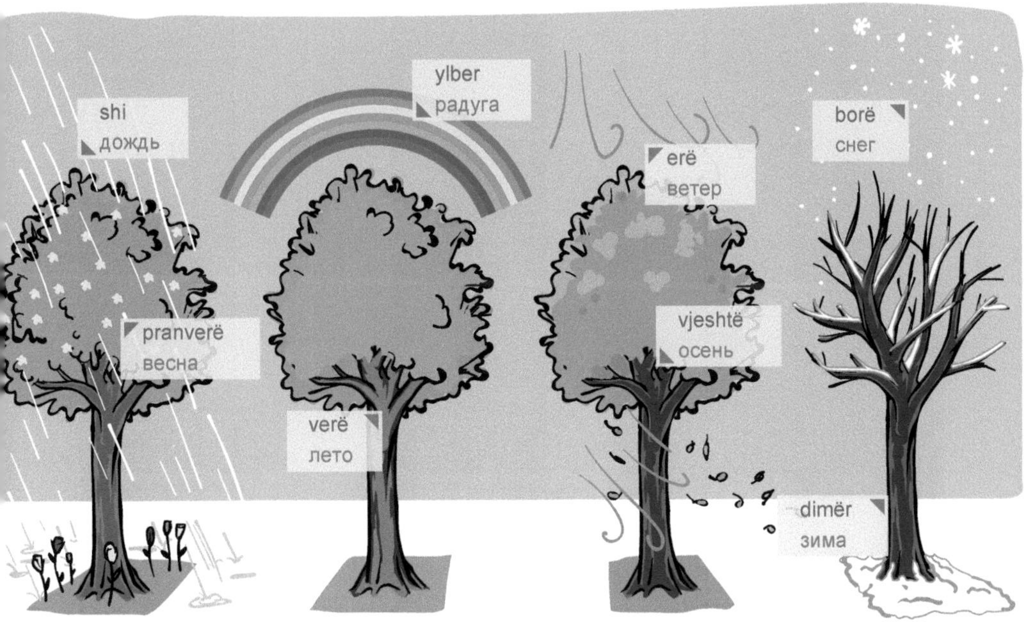

shi
дождь
ylber
радуга
borë
снег
erë
ветер
pranverë
весна
vjeshtë
осень
verë
лето
dimër
зима


4.APRIL 11°
5.APRIL 4°
6.APRIL 13°
7.APRIL 8°
8.APRIL 10°


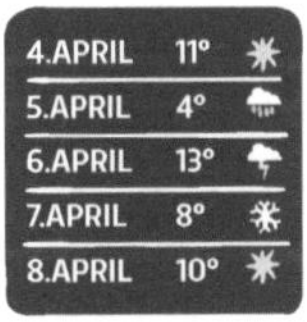

parashikimi i motit

прогноз погоды

F C
120 40
90 30
60 20
30 10
0 0
-30 -10
-20


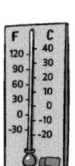

termometër

термометр

ndriçim dielli

солнечный свет

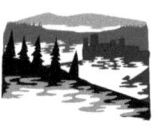

re

туча

mjegull

туман

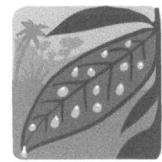

lagështi

влажность воздуха

vetëtima

молния

gjëmim

гром

stuhi

буря

breshër

град

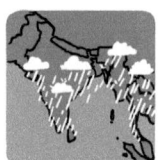

muson

муссон

përmbytje

наводнение

akull

лёд

janar

январь

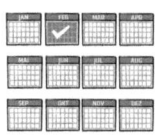

shkurt

февраль

mars

март

prill

апрель

maj

май

qershor

июнь

korrik

июль

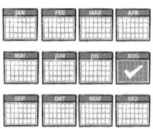

gusht

август

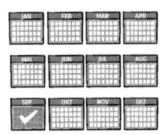

shtator
..................
сентябрь

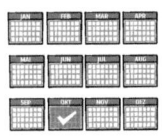

tetor
..................
октябрь

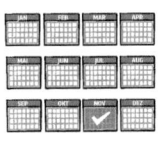

nëntor
..................
ноябрь

dhjetor
..................
декабрь

## forma
## формы

rreth
..................
круг

katror
..................
квадрат

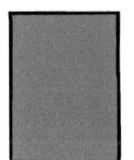

drejtkëndësh
..................
прямоугольник

trekëndësh
..................
треугольник

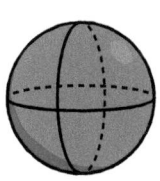

sferë
..................
шар

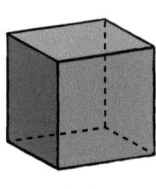

kub
..................
куб

e bardhë

белый

e verdhë

желтый

portokalli

оранжевый

rozë

розовый

e kuqe

красный

vjollcë

лиловый

blu

синий

e gjelbër

зелёный

kafe

коричневый

gri

серый

e zezë

черный

shumë / pak

много / мало

i nevrikosur / i qetë

яростный / мирный

i bukur / i shëmtuar

красивый / уродливый

fillim / fund

начало / конец

i madh / i vogël

большой / маленький

i ndritshëm / i errët

светлый / темный

vëlla / motër

брат / сестра

e pastër / e pistë

чистый / грязный

e plotë / jo e plotë

полный / неполный

ditë / natë

день / ночь

gjallë / vdekur

мёртвый / живой

i gjerë / i ngushtë

широкий / узкий

**i ngrënshëm / i pangrënshëm**

съедобный / несъедобный

**i keq / i këndshëm**

злой / дружелюбный

**i lumtur / i mërzitur**

взволнованный / скучающий

**i shëndoshë / i dobët**

толстый / худой

**e para / e fundit**

сначала / в конце

**mik / armik**

друг / враг

**plot / bosh**

полный / пустой

**e fortë / e butë**

твёрдый / мягкий

**e rëndë / e lehtë**

тяжёлый / лёгкий

**uri / etje**

голод / жажда

**i sëmurë / i shëndetshëm**

больной / здоровый

**e paligjshme / e ligjshme**

незаконный / законный

**i zgjuar / budalla**

умный / глупый

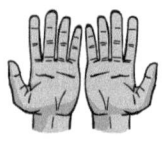

**majtas / djathtas**

слева / справа

**afër / larg**

близко / далеко

e re / e përdorur

новый / подержанный

asgjë / diçka

ничто / нечто

i moshuar / i ri

старый / молодой

ndezur / fikur

включено / выключено

hapur / mbyllur

открыто / закрыто

i qetë / i zhurmshëm

тихо / громко

i pasur / i varfër

богатый / бедный

e drejtë / e gabuar

правильный /
неправильный

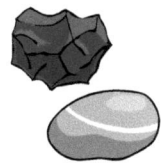

i ashpër / i butë

шероховатый / гладкий

i mërzitur / i lumtur

печальный / счастливый

i shkurtër / i gjatë

короткий / длинный

ngadalë / shpejt

медленный / быстрый

i lagësht / i thatë

мокрый / сухой

ngrohtë / freskët

тёплый / прохладный

luftë / paqe

война / мир

| **0** | **1** | **2** |
|---|---|---|
| zero | një | dy |
| ноль | один | два |

| **3** | **4** | **5** |
|---|---|---|
| tre | katër | pesë |
| три | четыре | пять |

| **6** | **7** | **8** |
|---|---|---|
| gjashtë | shtatë | tetë |
| шесть | семь | восемь |

| **9** | **10** | **11** |
|---|---|---|
| nentë | dhjetë | njëmbëdhjetë |
| девять | десять | одиннадцать |

**12**

dymbëdhjetë

двенадцать

**13**

trembëdhjetë

тринадцать

**14**

katërmbëdhjetë

четырнадцать

**15**

pesëmbëdhjetë

пятнадцать

**16**

gjashtëmbëdhjetë

шестнадцать

**17**

shtatëmbëdhjetë

семнадцать

**18**

tetëmbëdhjetë

восемнадцать

**19**

nentëmbëdhjetë

девятнадцать

**20**

njëzetë

двадцать

**100**

qind

сто

**1.000**

mijë

тысяча

**1.000.000**

milion

миллион

anglisht

английский

anglishte amerikane

американский английский

kinezisht mandarin

мандаринский китайский

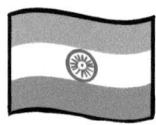

hindi

хинди

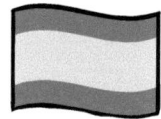

spanjisht

испанский

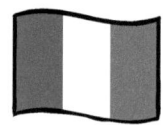

frëngjisht

французский

arabisht

арабский

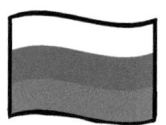

rusisht

русский

portugalisht

португальский

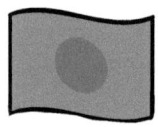

bengalisht

бенгальский

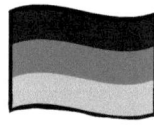

gjermanisht

немецкий

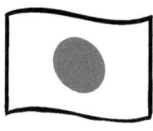

japonisht

японский

unë

я

ti

ты

ai / ajo

он / она / оно

ne

мы

ju

вы

ata

они

kush?

кто?

çfarë?

что?

si?

как?

ku?

где?

kur?

когда?

emër

имя

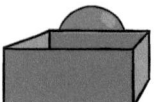

pas

за

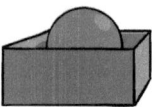

në

в

përballë

перед

sipër

над

mbi

на

poshtë

под

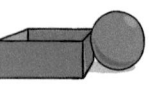

pranë

рядом

midis

между

vend

место